ÉLECTIONS

SUIVANT LA CHARTE.

ÉLECTIONS

SUIVANT

LA CHARTE.

PARIS,

IMPRIMERIE DE GAULTIER-LAGUIONIE,

HÔTEL DES FERMES.

1829.

ÉLECTIONS

SUIVANT LA CHARTE.

JUIN 1826.

PREMIÈRE PARTIE.

Dans les sociétés bien constituées, trois intérêts, qui embrassent ceux de tous leurs membres, doivent toujours trouver des défenseurs pour le bonheur des peuples. Ces intérêts sont :

1º Celui du gouvernement ;

2º Celui de l'aristocratie ;

3º Celui de la démocratie.

Si, dans la confection des lois, le gouvernement n'avait point de défenseurs de ses droits ,

l'unité d'action, qui fait la force des états, dispa-
raîtrait aussitôt : une multitude de volontés di-
vergentes remplacerait cette unité d'action, et,
en divisant cette force, l'affaiblirait nécessaire-
ment. Ces volontés en sens divers l'anéantiraient
si elles étaient opposées, ou produiraient la guerre
civile.

Si l'aristocratie n'y était pas représentée, le
despotisme s'ensuivrait, au cas où le gouvernement viendrait à l'emporter sur la démocratie :
ce serait l'anarchie, dans le cas où cette dernière
deviendrait prépondérante.

Si la démocratie n'y avait pas de défenseurs,
ceux qui la composent, et qui, par leur travail,
font prospérer les états, auxquels ils procurent
tous les besoins et commodités, seraient opprimés par le despotisme, dans l'hypothèse où le
gouvernement prévaudrait sur l'aristocratie ; et
dans l'hypothèse contraire, par les grands, dont
la verge de fer s'appesantissant sur un plus grand
nombre, comme au temps des fiefs, en ferait
bientôt des esclaves. Si le gouvernement et l'a-
ristocratie se liguaient contre la démocratie, les
intérêts de cette classe de la société seraient en-

vahis, et le fruit de ses sueurs serait dévoré par les deux premières, qui finiraient par ne lui laisser que le plus strict nécessaire, avec le moins possible de libertés.

Dans tous les cas, la classe qui dominerait marquerait de son sceau toutes les lois, parce que tous les pouvoirs tendent naturellement à s'accroître.

Tout gouvernement, où ces trois intérêts ne sont pas protégés également, porte avec lui le germe de sa destruction ; et jamais il n'est arrivé qu'aucun ait péri par une secousse provenant de l'intérieur de l'état, tant qu'ils ont été ainsi respectés.

Le bonheur des peuples résulte en conséquence du contre-poids entre les intérêts du gouvernement, de l'aristocratie et de la démocratie ; et, pour le fixer dans la société, il est donc indispensable que chacun d'eux trouve des défenseurs, ainsi que je l'ai d'abord annoncé. Quand tous les intérêts sont en présence, ils sont tous contenus dans leurs justes bornes. C'est ainsi que se soutient le monde physique : l'équilibre seul assure son existence.

C'est ce qu'a voulu la Charte qu'a léguée à la France Louis XVIII, dont elle est le plus beau titre à l'immortalité. Mais est-ce bien là ce qui s'y pratique? Je ne crains pas de répondre *non*.

Je prie mon lecteur de peser mes observations, avant de repousser mon assertion. Ces observations me sont suggérées par le désir de voir tous les Français aimer et chérir leur souverain, et s'y attacher par les liens indissolubles de la reconnaissance, ainsi que par le désir de les voir unis et heureux. Je voudrais, en un mot, consolider davantage la royauté et le bonheur en France.

En répondant *non*, je parle sous le rapport des intérêts démocratiques; car, en France, les intérêts du gouvernement et de l'aristocratie ne manquent pas de défenseurs.

Le gouvernement fait toutes les propositions de lois; il les fait soutenir par des hommes habiles, ministres ou conseillers d'état. Il peut même retirer ses propositions de lois. Il peut, à son gré, dissoudre la Chambre des Députés. Il a entre les mains tous les moyens de se faire des partisans parmi ceux qui sont appelés à concourir avec lui à la formation des lois.

L'aristocratie est représentée par la Chambre des Pairs ; sa force est accrue de celle que lui donne la fortune que possèdent, et que doivent posséder, pour être éligibles, les membres de la Chambre des Députés.

Je cherche les défenseurs chargés des intérêts de la démocratie, et je ne les trouve nulle part : elle est sans représentation qui tire son origine d'elle, puisqu'elle n'intervient point dans la nomination des Députés.

La Charte, me dira-t-on, ne permet pas qu'elle soit représentée par d'autres que par des éligibles. J'en conviens parfaitement : la Charte est extrêmement sage en cela. Pour prévenir l'anarchie, elle a voulu qu'on ne pût confier qu'à l'aristocratie la défense des intérêts de la démocratie ; elle a voulu conséquemment que la Chambre élective prît sa naissance dans la démocratie, puisque c'est le seul moyen naturel qu'il y ait de la représenter ; et c'est uniquement pour qu'elle le fût qu'elle a institué cette Chambre. En effet, si la Chambre élective n'avait pas cet objet, elle n'en aurait aucun ; car, en l'état, elle n'est que la doublure de la Chambre des Pairs, en ce qu'elle

ne représente comme elle que l'aristocratie, surtout eu égard au double vote. Telle est la proposition, justifiée déjà par ce simple raisonnement,
que j'ai à démontrer.

Le préambule de la Charte, qui en explique
l'esprit, renferme le passage suivant : « Nous
avons remplacé par *la Chambre des Députés* ces
anciennes assemblées du Champ-de-Mars et de
Mai, et *ces Chambres du tiers-état*, qui ont si
souvent donné tout à la fois des preuves de zèle
pour les intérêts du *peuple*, de fidélité et de
respect pour l'autorité des rois. »

C'est donc le *peuple* ou le *tiers-état*, que doit
représenter la Chambre des Députés ; et cette
chambre telle que la font les lois sur les élections, cette Chambre dont la source est pure-
ment aristocratique, ne le représente pas.

L'article 40 de la Charte dispose : « *Les électeurs* qui concourront à la nomination des Députés *ne pourront avoir droit de suffrage s'ils ne
paient* une contribution de 300 fr., et s'ils ont
moins de trente ans. »

Jusqu'à l'époque où la Charte a été concé-
dée, le mot *électeurs* ne se disait que de ceux qui

étaient élus par les assemblées primaires, et qui avaient mission de nommer les députés. Telle est, aussi, l'explication qu'en donne le dictionnaire de l'Académie. L'auteur de la Charte, en se servant d'un mot dont la signification était consacrée par l'usage, n'a donc pu l'employer que dans ce sens; et comme il voulait une garantie de la bonté des choix de députés, garantie qu'il jugeait bon de placer dans le paiement d'une contribution directe de 3oo francs, il devait refuser le droit de suffrage à ceux élus par les assemblées primaires qui n'en paieraient qu'une moindre. C'est ce qu'il a fait par la disposition précitée : les *électeurs* qui concourront à la nomination des députés, *ne pourront avoir droit de suffrage*, s'ils ne paient une contribution de 3oo francs.

Remarquez bien encore que le mot *électeurs* est appliqué à ceux qui n'ont pas droit de suffrage, comme à ceux ayant ce droit. Cette application prouve jusqu'à l'évidence que le roi législateur avait en vue les assemblées primaires dont quelques choix auraient pu se fixer sur des individus ne payant pas le cens qu'il exigeait; et que c'est uniquement pour ce cas, qu'il a pu rédiger de cette manière la disposition de l'art. 40 de la Charte.

Si le législateur qui s'est expliqué de la sorte n'avait voulu qu'un degré d'élection, composé (comme le suppose la loi d'exécution) de tous ceux qui paient 300 fr. de contributions directes, il aurait rendu son idée d'une manière toute simple, au lieu de s'exprimer comme il l'a fait; et il aurait dit, par exemple : *Tous ceux qui paient* 300 *francs de contributions directes auront droit de suffrage*, etc.; mais comme ce n'était point là son intention, il a employé les expressions qui convenaient dans la prévision des assemblées primaires.

Pour donner plus de conviction encore, rapprochons ici l'un de l'autre les deux articles de la Charte relatifs aux élections.

Art. 38. « Aucun *député* ne peut être admis dans la Chambre, s'il n'est âgé de 40 ans, et s'il ne paie une contribution directe de 1,000 fr. »

Art. 40. « Les *électeurs* qui concourent à la nomination des députés, ne peuvent avoir droit de suffrage, s'ils ne paient une contribution directe de 300 fr., et s'ils ont moins de 30 ans. »

Là, le législateur refuse au *député* l'admission dans la Chambre, s'il n'est âgé de 40 ans, et s'il ne paie une contribution directe de 1,000 fr.

Ici, il dénie à l'*électeur* le droit de suffrage, s'il ne paie une contribution directe de 300 fr., et s'il a moins de 30 ans.

En combinant ensemble ces deux articles dont le premier semble avoir dicté le second, l'on reconnaît que le législateur a voulu frapper d'une égale incapacité tous ceux d'entre les individus portés à la députation ou à l'électorat, qui ne paieraient pas le cens voulu, de 1,000 fr. pour les uns, et de 300 francs pour les autres : et de même qu'on ne peut pas prétendre que l'expression *député* concerne des personnes qui n'auraient pas été nommées *députés*, l'on ne peut pas prétendre non plus que l'expression *électeurs* se rapporte à des personnes qui n'auraient pas été nommées *électeurs*. Dans les deux cas qui sont absolument identiques, le législateur a visé à exclure ceux d'entre les élus qui ne paieraient pas le cens fixé ; autrement, il ne les aurait pas qualifiés *députés* et *électeurs*.

Le législateur qui venait de dire : *Tous les Français sont égaux devant la loi,* quels que soient d'ailleurs leurs titres et leurs rangs, ne pouvait avoir la volonté d'accorder le privilége de l'exercice des droits civiques à soixante ou quatre-vingt mille personnes, à l'exclusion du reste de la nation, qui paie au moins les quatre-vingt-dix-huit centièmes des contributions de la France.

Il est donc démontré que l'auguste fondateur de la Charte a entendu qu'il y aurait des assemblées primaires pour la nomination des électeurs, attendu que, sans ces assemblées, le tiers-état ou la démocratie ne saurait être représenté. Ce n'est qu'autant que la Chambre des Députés prendra son origine dans la démocratie, que cette représentation peut réellement exister.

Cette disposition de la Charte est fondée en principe.

L'article 1984 du Code civil dispose : « Le mandat est un acte par lequel une personne donne à une autre le pouvoir de faire quelque chose pour le mandant et en son nom. » Il est évident que ceux qui ne sont nommés que par soixante à quatre-vingt mille personnes ne représentent qu'elles, et n'ont pas le pouvoir d'agir pour le reste de la nation et en son nom.

Je suis loin néanmoins de vouloir prétendre que les lois auxquelles ils concourent, ne sont pas obligatoires ; je soutiens, au contraire, qu'elles le sont pour tous, parce que l'ordre et la tranquillité publique, qu'il n'est jamais permis de troubler, le veulent ainsi. Je veux seulement prouver que leur pouvoir n'est pas légitime par rapport à ce reste de la nation.

Les articles 9, 42, 109 et 405 du Code pénal autorisent les tribunaux, dans les cas qui y sont déterminés, à interdire l'exercice des droits civiques. Ces articles supposent donc que ces droits appartiennent à tous les citoyens ; et cependant, à l'exception de ces soixante à quatre-vingt mille individus, nul n'en jouit.

Des personnes prévenues, et d'autres dont l'intérêt fascine les yeux, se soulèveront contre l'idée des assemblées primaires, et étaieront leur répugnance du prétexte spécieux que la tranquillité publique pourrait être compromise par ces assemblées.

Je répondrai :

D'abord, que le législateur étant appelé à statuer sur ce qui est relatif tant aux personnes qu'aux propriétés, les propriétaires seuls qui ont ce *double intérét* et sont seuls censés être à demeure en France, doivent composer ces assemblées ; ce qui d'ailleurs est conséquent avec les dispositions de la Charte qui exigent, des éligibles et des électeurs, des conditions de biens-fonds en propriété. L'on bornerait ainsi le nombre de leurs membres.

En second lieu, que ces propriétaires tenant au sol, tiennent par cela même au maintien de la tranquillité publique.

En troisième-lieu, que la loi organique des assemblées primaires contribuerait à assurer cette tranquillité par les dispositions de prudence qu'on peut y insérer.

Ainsi la crainte que l'on pourrait avoir que le repos de l'état en fût troublé, est dénuée de fondement.

Pour prévenir toute influence étrangère ou intérieure sur les assemblées primaires, il serait bon que le bureau provisoire se composât du plus âgé et du plus jeune, comme président et secrétaire, et de trois scrutateurs qui seraient choisis par le sort. La Charte ne s'y oppose pas, puisque l'article 41, qui donne au roi le droit de nommer les présidens des colléges électoraux, ne s'appliquant qu'aux colléges institués par l'article 35 pour l'élection des Députés, ne concerne pas les assemblées primaires, qui n'auraient à élire que des électeurs. Le bureau définitif serait nommé au scrutin secret, ainsi que les électeurs.

Les mêmes personnes objecteront peut-être encore que les électeurs ainsi élus pourraient nommer des Députés capables de chercher à renverser le gouvernement.

Cette objection prouve un défaut de connaissance du cœur humain, si elle est faite avec sincérité.

Il est constant que le principal mobile des actions humaines est l'intérêt. Or, soit les électeurs qui ne peuvent être choisis que parmi ceux qui paient au moins 300 fr. de contributions directes, soit les Députés qui ne peuvent être pris que parmi ceux qui en paient au moins 1,000, ont le plus grand intérêt au maintien de la tranquillité publique ; car ils auraient tout à craindre dans un bouleversement. Pour que la chose fût praticable, il faudrait supposer que la majorité des électeurs, objets du choix de tous les propriétaires qui offrent cependant des garanties réelles et morales, et que la majorité des Députés, objets du choix des électeurs, qui en présentent encore davantage, voulussent le désordre, au risque de tout perdre. Cette supposition est évidemment gratuite. Ces députés, dans cette position, et redevables en partie de leur nomination au nouveau mode d'élection, n'en seraient au contraire que plus attachés au maintien du gouvernement.

C'est ici le lieu d'observer encore combien l'immortel auteur de la Charte a montré de prévoyance. On avait nommé dans la révolution des Députés qui, n'ayant pour la plupart rien à perdre dans un désordre, n'avaient pas craint de livrer la France à l'anarchie. Il a voulu prévenir à jamais le retour de ce fléau; et après avoir disposé que les électeurs, *concourant à la nomination des députés*, paieraient au moins 3oo francs de contributions directes, il a exigé pour les Députés la condition d'en payer au moins 1ooo. Il a affermi le gouvernement par cette double précaution dont je ne puis assez admirer la sagesse.

Bien des personnes, assurées par le mode actuel des élections de l'exercice des fonctions
d'électeur, et appréhendant, si le double degré
d'élection avait lieu, de ne pas continuer de les
exercer, parce qu'elles pourraient bien n'être pas
élues, le repousseront. Ce n'est point là un motif
suffisant, sans doute, pour priver de leurs droits
civiques des citoyens qui concourent comme
elles, et de leurs biens, et de leur personne, à
la richesse et à la gloire de l'état. En se faisant
aimer et estimer de leurs concitoyens, elles seront certaines de n'en être pas oubliées. Je ne
vois d'autre inconvénient pour ceux qui sont ac-
tuellement en possession des droits d'électeurs,
que l'heureuse nécessité où ils se trouveront, la
fortune seule ne conférant plus ces droits, de
se conduire en conséquence pour obtenir les suffrages des électeurs du premier degré.

Chez d'autres personnes, l'amour-propre se
trouvera blessé en songeant que des individus
beaucoup moins riches partageront avec elles
l'avantage de voter dans les assemblées primaires.

J'ai déjà prouvé que les droits de ces individus
sont les mêmes que les leurs. Mais qu'elles fas-

sent cette réflexion, que si elles leur sont supérieures par la fortune, ils sont leurs égaux aux yeux de la nature, de la religion et de la loi fondamentale de l'état ; et qu'il ne doit y avoir, après les exceptions que cette dernière a établies dans l'intérêt de la société, d'autres distinctions que celles résultant des talens et des vertus. Alors elles se contenteront, si elles sont justes et raisonnables, du privilége que leur donne leur fortune, d'être éligibles comme électeurs du second degré et comme Députés.

Les avantages qui résulteraient de cette intervention de l'élément démocratique sont immenses.

Les Français n'en seraient que plus fidèles observateurs des lois de leur pays, parce qu'elles leur paraîtraient à tous être leur propre ouvrage : ils n'en seraient que plus dévoués à leur souverain et à leur patrie, qui les compteraient pour quelque chose en les faisant participer à l'exercice des droits civiques. Il s'ensuivrait des liens entre les grands et les petits, et les distances qui existent entre les uns et les autres se rapprocheraient, parce que les premiers éprouveraient le besoin des seconds pour être électeurs : les lois seraient plus en harmonie avec les intérêts généraux, parce que les Députés seraient ceux de la masse de la nation : la marche du gouvernement en deviendrait plus majestueuse et plus assurée, parce que, dégagé de toutes les entraves d'une politique méticuleuse et artificieuse, non seulement il ne rencontrerait aucune opposition, mais encore il trouverait toutes les voies aplanies, et serait aidé dans tous ses desseins par les efforts de tous pour lui faire atteindre son but. Et dans les périls, la France compterait autant de défenseurs intrépides que de citoyens, parce que nul autre gouvernement ne pourrait leur offrir un aussi beau sort que le leur, et qu'ils sentiraient qu'ils doivent tout sacrifier, au besoin, pour le conserver et le transmettre à leur postérité.

Tels sont les résultats infaillibles du contrepoids de tous les intérêts.

La raison en est dans la nature des choses, qui fait dépendre l'affection des membres d'une société au gouvernement, de la protection égale qu'il accorde aux intérêts de chacun d'eux.

Observations additionnelles.

OCTOBRE 1827.

DEUXIÈME PARTIE.

———

Toujours plus intimement convaincu du fondement des principes contenus au Mémoire ci-dessus, j'ai pensé qu'il pouvait être utile à mon pays, pour faire mieux juger de leur solidité, de faire ressortir de l'expérience les inconvéniens qui sont attachés au mode actuel des élections, en ajoutant quelques observations sur celui par lequel j'ai proposé de le remplacer, ainsi que sur les avantages qu'il procurerait.

Le malaise qu'on ne peut se dissimuler que la France éprouve, n'a pas d'autres causes que les vices de la loi des élections.

Ainsi que je l'ai dit, les intérêts du gouvernement et ceux de l'aristocratie sont assurément suffisamment représentés ; mais ceux de la démocratie ne le sont nullement ; et la Chambre des Députés, telle que la loi des élections l'a faite, n'est que la doublure de la Chambre des Pairs.

Le mode qui régit les élections n'appelle à élire que les soixante mille plus imposés de la France. Ces électeurs privilégiés ont généralement le même intérêt, celui de l'aristocratie. L'influence de l'aristocratie, dans la Chambre des Députés, tire un nouveau degré de force des nominations faites par le quart le plus imposé. Il faut joindre à cela les intrigues ministérielles auxquelles ce mode est sujet, et qui font sentir leurs effets sur tous les points de la France, l'autorité des ministres sur leurs subordonnés auxquels ils imposent des choix, et l'usage qu'ils savent en faire en prodiguant ou ôtant leurs faveurs, selon qu'on se montre aux élections soumis ou rebelle à leurs volontés.

Formée de pareils élémens, il serait contre la nature des choses que la Chambre des Députés ne fût pas disposée et même entraînée par une pente irrésistible à soutenir les passions ministérielles dans tout ce qu'elles ont de favorable à l'esprit de domination, aux intérêts aristocratiques et aux priviléges qui ne peuvent que devenir leur apanage. Il ne saurait en être autrement; et ce ne sont pas les hommes qu'il faut en accuser, mais les institutions.

Aussi ne doit-on pas être étonné que la Chambre actuelle des Députés (1) ait adopté un nombre considérable de projets de lois, qui étaient conçus uniquement dans l'intérêt de l'aristocratie et du pouvoir, que la Chambre des Pairs a très heureusement presque tous amendés ou rejetés, et qui font connaître l'esprit qui doit animer la généralité d'une Chambre ainsi élue. Je ne citerai que ceux relatifs :

1° A la septennalité.

Cette loi, grosse de la violation de la Charte qui veut que la Chambre élective soit renouvelée par cinquième tous les ans, et présentée dans un moment propice aux vues du ministère, avait, par rapport à lui, pour objet d'obtenir avec l'appui d'une Chambre qu'il avait si puissamment concouru à former, le temps nécessaire pour faire rendre les lois qu'il se proposait de donner à la

(1) L'auteur a écrit ces lignes en octobre 1827.

France dans sa haine pour les libertés publiques.

2° Au sacrilége.

Cette loi qui détruit la liberté et l'égale protection assurées par la Charte à chaque culte, était inutile, le Code pénal contenant des dispositions suffisamment repressives. Mais le ministère avait imaginé le prétexte de l'insuffisance de ces dispositions pour renverser ces deux garanties, et pour procurer au clergé catholique l'ascendant dont il croyait avoir besoin.

3° A l'indemnité.

Tous les malheurs des Français, pendant la révolution, étaient également intéressans. Cette loi qui accorde un milliard à une espèce d'infortune à l'exclusion de toutes les autres, est donc une atteinte portée au principe de l'égalité des droits; mais le ministère pour lequel aucune disposition de la loi fondamentale n'est sacrée, considérant à tort, sans doute, les émigrés comme les plus dévoués des Français à ses vues perfides, voulait leur donner les moyens de devenir électeurs pour s'aider de leur appui, et le rendre plus efficace.

4.º Au droit d'aînesse et aux substitutions.

Ce projet qui, d'un côté, est contraire au principe de l'égalité des droits et ennemi de la paix des familles, et qui, de l'autre côté, plaçait beaucoup de propriétés hors du commerce, était conçu évidemment dans l'esprit de perpétuer dans les mêmes familles les droits électoraux ainsi que les places et les dignités, au mépris de l'article 3 de la Charte qui, n'ayant égard qu'aux vertus et aux talens, si fort profitables à la société, dispose que tous les Français sont également admissibles aux emplois civils et militaires.

5.º Aux communautés religieuses.

L'article 5 de cette loi, rendue le 24 mai 1825, contient deux dispositions qu'on a réunies pour que la seconde passât plus inaperçue.

La première est remarquable par le respect qu'elle annonce pour la réserve légale au profit des pères et mères, et pour les liens du sang. En conséquence, elle ne permet pas aux religieuses de disposer par actes entre-vifs ou par testamens de plus du quart de leurs biens, s'ils excèdent dix mille francs. Elle est un hommage rendu à la reconnaissance et à la piété que les enfans doivent avoir pour les auteurs de leurs jours. Elle consacre en même temps la sainteté des liens du sang. Enfin, rien n'est plus moral que cette première disposition.

Mais la seconde disposition renferme un contraste bien frappant : elle porte que dans le cas où les biens n'excèdent pas dix mille francs, les religieuses peuvent disposer de tout ce qu'elles ont; elle prive donc les pères et mères de la réserve légale ; elle dépouille entièrement les frères et sœurs, neveux et nièces ; et elle méconnaît le malheur, en ce que les religieuses qui n'ont à disposer que de biens modiques, appartiennent à des familles peu fortunées.

L'on ne peut expliquer ce contraste qu'en se rappelant l'absence de toute représentation dans le gouvernement de la part de la démocratie.

6° Aux finances.

Ces lois se distinguent par l'énormité des impôts indirects dont certains sont immoraux, comme la loterie ; et d'autres, violateurs du respect dû aux propriétés, tels que les exercices chez les débitans de boissons. Il est même de ces impôts indirects qui ne sont supportés que par les moins aisés : je veux parler des droits de vente et de revente sur les boissons dont sont déchargés les propriétaires qui en récoltent. Elles ne se distinguent pas moins par les modérations qu'elles apportent presque annuellement à la contribution foncière, ce qui constitue autant d'atteintes faites à l'article 2 de la Charte, qui veut que tous les Français contribuent aux charges de l'état *dans la proportion de leur fortune.*

Le ministère y trouve double avantage, celui de diminuer le nombre des électeurs pour avoir une chambre plus aristocratique, et celui de se faire des partisans dans les Chambres.

7° Au jury.

Cette institution importante consiste à être jugé par ses pairs. Ce projet qui la dénaturait, en limitant le droit d'être juré aux seuls électeurs, avait pour objet de mieux assurer la domination de l'aristocratie.

8° A la liberté de la presse.

Ce projet de loi qui violait encore plus ouvertement que la censure l'article 8 de la Charte, le palladium de nos libertés, aurait eu pour effet d'empêcher les réclamations des opprimés d'être connues du public, s'il eût été adopté par la Chambre des Pairs.

Les ministres, en présentant ces projets de lois qui se prêtaient un mutuel appui, et concouraient au renversement des libertés publiques, se sont rendus coupables du crime de trahison prévu par l'article 56 de la loi fondamentale ; ils ont foulé aux pieds les droits de la nation qui ne sont pas moins sacrés que ceux de la couronne ; car ils périraient infailliblement les uns sans les autres. Cependant, ils étaient chargés spécialement par la nature de leurs fonctions, qui les rendent responsables, de conserver ce dépôt entier. Ils y étaient encore tenus par le serment qu'ils avaient fait en entrant au ministère d'observer la Charte, ainsi que par leur qualité de représentans du monarque qui l'avait également prêté.

La Charte est, au surplus, l'apanage du peuple français auquel elle a été octroyée suivant ces expressions qui terminent le préambule de la Charte : « Avons accordé et accordons, fait concession et octroi à nos sujets, tant pour nous que pour nos successeurs, de la Charte constitutionnelle qui suit. » Elle est par là devenue sa propriété, et nul dès-lors n'a droit d'y toucher, d'autant plus que le peuple français l'ayant adoptée, au moins implicitement, elle forme le pacte entre la royauté et lui.

Si son fondateur eût voulu qu'on pût, par la suite, y apporter des changemens, il aurait indiqué des formalités (telles que la prudence les commandait), d'une marche lente qui n'aurait pas laissé les passions maîtresses de la détruire au gré de leur violence. Il eût exigé plusieurs sessions, même plusieurs législatures pour ces changemens. Quand le roi législateur, dont la prévoyance égalait la sagesse, n'a pas dit un mot des modifications à faire subir à son immortel ouvrage, c'est qu'il n'entendait pas qu'on y en fît aucune. Non-seulement il ne les a pas autorisées, mais on peut même dire qu'il les a prohibées en soumettant ses successeurs par l'article 74 à prêter dans la solennité de leur sacre le serment de l'observer. Il a porté la précaution plus loin : il a voulu qu'ils jurassent de l'observer *fidèlement.*

Ainsi, il ne peut être facultatif, même aux pouvoirs qu'il a institués pour la confection des lois, de modifier la Charte, sous prétexte de l'améliorer, avec d'autant plus de raison que chaque membre des deux Chambres prêtant un semblable serment en entrant en fonctions, il serait impossible de concilier ce serment avec des modifications. En effet, il ne saurait y avoir accord entre ces deux choses qui se détruisent réciproquement. Voyez où conduirait la proposition contraire : les deux Chambres et les rois qui viendraient après des modifications qui dénatureraient la Charte, ne pourraient plus décemment prêter serment de l'observer, à moins que ce ne fût avec l'intention d'anéantir ces changemens.

J'aurais trop d'avantages sur mes adversaires, si j'appelais la religion et la morale au secours de mon raisonnement. La conscience des ames honnêtes et délicates me dispense de cet appel qu'elles trouveraient superflu, et qui blesserait les autres.

Au reste, il est certain, d'une part, que la Charte est un monument de sagesse, et, d'autre part, qu'à côté de l'avantage d'améliorer, est le danger d'innover. On sent, enfin, que s'il était facultatif d'y faire des changemens, elle ne serait bientôt plus qu'un vain mot.

Le ministère, non content de présenter aux Chambres ces différens projets de lois, y a joint une multitude d'actes infiniment repréhensibles.

Après avoir attribué un double vote au quart le plus imposé, ce qui altérait déjà beaucoup la représentation, il l'a tout-à-fait dénaturée en employant les machinations, la séduction, les menaces et la violence pour faire nommer ses candidats à la législature.

C'est sous ses auspices que se sont reconstituées ces trop fameuses sociétés de jésuites, proscrites par nos lois.

Un ministre, dont le devoir était de les poursuivre, a osé dire à la tribune de la Chambre représentative, que sept séminaires étaient dirigés par des membres de ces sociétés ; et les ministres auxquels la Chambre des Pairs a renvoyé le Mémoire de M. de Montlosier, contre ces compagnies, n'en ont fait aucun cas, et ont méprisé l'autorité de cette Chambre.

Le ministère a destitué les fonctionnaires qui ont montré quelque indépendance, afin de rendre les autres esclaves de ses volontés et de ses caprices.

La garde nationale de Paris, qui avait rendu de si importans services à l'état, n'a pas été plus épargnée : elle a été dissoute pour avoir voulu faire connaître au monarque les turpitudes du ministère. L'Académie, elle-même, a été enveloppée dans la disgrace pour un semblable motif.

Le ministère, enfin, a corrompu le principe monarchique (ce que Montesquieu considère comme un crime de lèse-majesté), en s'efforçant de rendre les premières dignités l'apanage des premières servitudes, d'ôter aux grands l'estime du peuple, de mettre l'honneur en contradiction avec les honneurs, et de faire penser que ce qui fait que l'on doit tout au prince, fait que l'on ne doit rien à la patrie.

Mon intention n'est pas de blâmer; elle est seulement de démontrer par les faits le fondement de mon système. Après cette explication, qu'il me soit permis de faire remarquer que cette conduite du ministère, tout indigne qu'elle est, n'a cependant pas porté la Chambre des Députés, qui seule avait le droit d'accuser les ministres, à faire usage de ce droit. Que dis-je? elle ne l'a pas même désapprouvée, malgré tant et de si puissans motifs de les mettre en état d'accusation : elle a admis tous ses projets.

Il est donc bien évident que le mode actuel des élections est vicieux de son principe. Avec lui, comme on le voit, la représentation n'est qu'une déception, surtout depuis que le ministère qui aurait dû faire respecter la liberté des suffrages, sans laquelle on ne peut concevoir de vraie représentation, s'est permis d'imposer des choix à ses subordonnés qui composent une grande partie des électeurs; de sorte qu'on pourrait dire qu'au lieu que ce soit la nation qui ait nommé les Députés, ils sont au contraire l'ouvrage du ministère.

Tant que ceux qui paient 3oo fr., et au-delà, de contributions directes, seront électeurs de droit, l'on ne parviendra jamais à faire disparaître les inconvéniens que je viens de signaler, et l'on ne pourra, quoi que l'on fasse, qu'en diminuer un peu la gravité, par la raison que je ne cesserai de répéter à cause de son extrême importance, qu'il est naturel qu'une Chambre qui tire sa source uniquement de l'aristocratie, vote, avant tout, dans les intérêts aristocratiques, et après dans ceux du pouvoir, qui sont encore les siens, parce que ce dernier est toujours prêt à protéger l'aristocratie, qu'il croit être son plus ferme soutien.

Ce mode est encore déraisonnable en ce qu'il appelle au droit d'élire les Députés, droit le plus important de tous dans un gouvernement représentatif, les imbéciles, les mauvais sujets et les fripons qui peuvent se trouver dans le nombre des plus imposés. C'est comme si la loi, ne considérant que la fortune, appelait à être Députés tous ceux indistinctement qui paieraient tel cens, par exemple 3 ou 4 mille francs de contributions directes. Dans l'un et l'autre cas, c'est également le hasard aveugle que le législateur aurait pris pour guide. Il y a dans la loi d'organisation un défaut notable de sagesse; il y a aussi contradiction, car, en adoptant le principe de la fortune, comme donnant seule le droit d'électeur, elle n'a pas jugé convenable de l'admettre comme donnant seule le droit de Député. Si la raison indiquait au législateur que c'est le choix, et non le hasard, qui doit faire les Députés, il est clair que c'est aussi le choix, et non le hasard, qu'il devait adopter pour faire des électeurs.

Il y aurait de l'injustice à vouloir que l'aristocratie ait seule des défenseurs dans le gouvernement. Pour en faire mieux juger, je supposerai que la démocratie fût seule représentée, et disposât de tout ce qui intéresse le plus l'aristocratie; cette dernière crierait avec raison à l'injustice, à la violation des droits. Cependant elle veut avoir le droit qu'elle refuse à la démocratie. Il n'existe qu'une règle de conduite pour tous, c'est de vouloir pour les autres ce qu'on veut pour soi.

Jadis, en France, le tiers-état était représenté par ses Députés, dont le consentement était nécessaire pour qu'une loi passât : aussi, en promulguant les lois, les rois exprimaient-ils que c'était le consentement du peuple qui leur donnait force de loi par cette formule : *Lex consensu populi fit, et constitutione regis.* C'est cette intervention du peuple que le roi-législateur a voulu rétablir en instituant une Chambre de Députés.

Il doit donc paraître juste à tous les hommes de bonne foi, que les intérêts de la démocratie trouvent des défenseurs naturels dans la Chambre des Députés, comme l'aristocratie en a dans la Chambre des Pairs, parce que autrement ils seront constamment sacrifiés à ceux de l'aristocratie, qui, par un penchant invincible, cherchera toujours à faire prévaloir les siens propres.

Le double degré d'élection peut seul donner des défenseurs naturels à la démocratie : il est donc indispensable. La Charte a consacré ce principe de justice, ainsi que je l'ai démontré dans mon Mémoire.

Ce principe est aussi consacré par les publicistes les plus recommandables.

Montesquieu, parlant dans son Esprit des Lois de la Constitution d'Angleterre, s'exprime ainsi : « Comme dans un état libre, tout homme qui est « censé avoir une ame libre doit être gouverné « par lui-même, il faudrait que *le peuple en corps* « eût la puissance législative; mais comme cela « est impossible dans les grands états, et est su- « jet à beaucoup d'inconvéniens dans les petits, « *il faut que le peuple fasse, par ses représen-*

« *tants, tout ce qu'il ne peut faire par lui-même.* »

Montesquieu ajoute plus bas ces observations :
« *Tous les citoyens,* dans les divers districts,
« *doivent avoir droit de donner leur voix pour*
« *choisir le représentant,* excepté ceux qui sont
« dans un tel état de bassesse qu'ils sont réputés
« n'avoir point de volonté propre. »

M. Henrion de Pensey, dans son ouvrage : *Du Pouvoir Municipal,* dit qu'il faut *adopter le gouvernement représentatif et toutes ses conséquences, avec franchise; que ces conséquences ne peuvent échapper à la bonne foi;* et que la plus légère réflexion fera sentir que le *principe vital* de ce gouvernement est que *tous les intérêts,* ceux des communes et des départemens, comme ceux de la nation, *soient représentés.*

Le double degré d'élection réunirait tous les avantages, en faisant disparaître tous les inconvéniens du mode actuel.

Les électeurs ne seraient plus l'œuvre du hasard : ils seraient choisis par les propriétaires à portée, par leurs relations, de connaître parfaitement leurs concitoyens.

Tous intéressés à faire de bons choix, et hors

de l'atteinte des machinations et influences ministérielles, ces électeurs, l'élite de la nation, et jaloux de justifier cette confiance, y répondraient en nommant pour Députés les citoyens les plus recommandables par leur mérite et leurs talens. Il en résulterait une Chambre de Députés, douée de toutes les vertus sociales, qui, tout aristocratique qu'elle serait par la fortune de chacun de ses membres, ne considérerait, en toutes choses, que les intérêts généraux, parce qu'elle tiendrait en principe son mandat de l'universalité des propriétaires. Elle repousserait également tous les projets de lois qui pourraient léser, soit les intérêts du gouvernement, soit ceux de l'aristocratie, soit ceux de la démocratie. Le gouvernement serait alors dans l'heureuse nécessité, pour faire passer des lois, de n'en proposer aucune qui portât la moindre lésion à l'un de ces intérêts. Cette attitude de la Chambre des Députés se communiquerait bientôt à la Chambre des Pairs, sur laquelle elle produirait l'effet de l'électricité; et le gouvernement sentirait mieux le besoin de prendre, pour base de l'établissement de toutes les lois, l'intérêt général de la société, que l'on sacrifie trop souvent à des intérêts de castes.

Le double degré d'élection résout donc le problème de la représentation des intérêts généraux. Il résoudrait encore d'une manière bien simple le problème de la représentation des intérêts des départemens, arrondissemens et communes.

Depuis un grand nombre d'années, l'on cherche le mode le plus sortable de nomination de ces administrateurs; et l'on ne peut en trouver un qui paraisse convenable: c'est qu'on se tient toujours éloigné des principes. Qu'on s'en rapproche, et qu'on adopte les conséquences du principe vivifiant de la représentation, puisque nous devons avoir un gouvernement représentatif; et soudain l'on apercevra le mode le plus favorable aux intérêts de tous, et le plus conforme à la justice, celui d'attribuer le droit: aux électeurs de chaque département, nommés d'après mon système, de désigner les administrateurs du département; aux électeurs de chaque arrondissement, de désigner ceux de l'arrondissement, et aux électeurs de chaque commune,

de désigner ceux de la commune. Ces désigna-
tions seraient faites en nombre double des fonctionnaires à nommer; le gouvernement choisirait
parmi ces candidats. Il aurait ainsi le moyen de
repousser des places administratives ceux d'entre
eux qui pourraient lui paraître dangereux pour
l'ordre public; il trouverait en outre, dans ce
nombre double, des remplaçans pour les cas de
mort ou de démission.

En conférant ces droits aux électeurs, on évi-
terait les désordres qu'on pourrait craindre de la
part des assemblées primaires. Je voudrais encore,
renonçant entièrement au faux principe du
hasard dont les jurés tiennent aussi leur mission,
donner aux électeurs le droit de les nommer et
de les choisir dans toutes les classes de la société.
Je n'exigerais pas pour eux la liste double, parce
qu'ils ne peuvent apporter aucun trouble à la
tranquillité publique, seule circonstance capable
de légitimer la modération des droits des électeurs. Cette belle institution du jury sortirait
alors pleinement son effet, puisqu'on serait véri-
tablement jugé par ses pairs.

C'est à ce système de représentation , système
que je soumets à la bonne foi, que l'on pourrait,
à juste titre, appliquer ces paroles de M. Henrion
de Pensey : « Alors tous les pouvoirs, émanés de
la même source, assis sur la même base, seront
dans le plus parfait accord , et formeront un fais-
ceau indestructible. De cette manière, le pouvoir
sera aux mains des habitans les plus notables,
qui, livrés à l'agriculture ou au commerce, ont le
plus d'intérêt au maintien de l'ordre, et le plus
d'influence sur ceux qui pourraient vouloir le
troubler. » Qu'il me soit permis d'ajouter après
le mot notable ceux-ci : *et les plus vertueux ;*
car la vertu, reléguée en quelque sorte par
nos lois, qui ne font aucune part au mérite,
serait d'un grand poids dans l'œuvre de tous ces
choix.

Tous les autres moyens pour arriver à une représentation, porteront toujours à faux. Quels
qu'ils soient, ils ne reposeront pas sur des bases
fixes avouées par la justice et la raison. Ces bases
ne se trouvent que dans ce qui est vrai dans
tous les temps et dans tous les lieux. Hors de là

il n'y aura jamais qu'incertitude, erreur et changement; et aucune mesure ne pourra obtenir un crédit général et permanent.

Je ne puis prévoir les objections fondées qu'on pourrait élever contre ce système.

Mon Mémoire me semble répondre victorieusement à toutes celles qui se rapportent à la tranquillité publique. Je regarde donc comme constant que son exécution n'offre rien à redouter sous ce rapport, surtout si les assemblées primaires avaient deux ou trois jours de durée, parce qu'alors chacun irait, pour ainsi dire isolément, déposer son vote ; ce qui aurait encore l'avantage de permettre à un plus grand nombre de votans de déposer leurs bulletins.

Je n'ai connaissance que d'une objection, après la précédente, faite contre mon système, celle que je n'admets pas à voter, dans les assemblées primaires, des individus intéressans pour la société, notamment les industriels qui ne possèdent aucune propriété foncière.

L'on prouve, en faisant cette objection, qu'on a oublié ce que j'ai dit à cet égard dans mon Mémoire, que si mon projet n'accorde le droit de voter qu'aux propriétaires, c'est parce qu'eux seuls ont qualité pour donner des pouvoirs en ce qui concerne les propriétés que les législateurs ont mission d'imposer et de régler; parce qu'eux seuls sont censés être à demeure en France; parce qu'ils ont un intérêt plus immédiat au bonheur de leur pays que le reste des indigènes; parce qu'il ne serait pas prudent d'étendre le droit de voter dans ces assemblées aux personnes sans propriétés foncières, et parce que cela est conséquent avec la Charte qui exige chez les éligibles et les électeurs des conditions de biens-fonds en propriété. J'ajouterai seulement que si ces personnes ont quelque fortune et sont jalouses de participer aux droits civiques, elles le pourront facilement en achetant une propriété foncière. La société en retirera dans ce cas avantage, en ce que cette privation des droits civiques aura produit une plus grande division de propriétés foncières, et un plus grand attachement à l'état, relativement à ces personnes.

Ce système est plus important par ses conséquences qu'on ne le pense. Le civisme ne peut naître et se nourrir que de la participation à l'exercice des droits civiques. L'homme qu'on traite en ilote s'attache peu au pays qui le prive de ses droits, et y vit en égoïste. A l'espèce d'indifférence qu'éprouvent ceux qui n'ont aucune part à l'administration générale, indifférence qui peut avoir les résultats les plus fâcheux, suivant les circonstances, l'on verrait succéder, par suite de son adoption, un esprit public qui deviendrait le germe de toutes les grandes actions et du dévouement le plus entier à la patrie, ainsi que la source pour elle de toutes les prospérités. Les nations de l'antiquité qui se sont le plus illustrées n'ont dû leur célébrité qu'à l'intervention du peuple dans l'administration des affaires publiques, intervention qui avait lieu au moins par la voie des nominations qu'il faisait des fonctionnaires publics; et dès qu'il a cessé d'y intervenir, toute illustration a aussi cessé pour elles.

C'est ce bon sens des peuples qui a dicté ces paroles remarquables de l'Évangile : *La voix du peuple est la voix de Dieu.*

Ceux d'entre les grands propriétaires qui sont justes et raisonnables ne rejetteront pas ce système d'élections ; et ils reconnaîtront que la loi fondamentale leur fait une assez grande faveur en leur conférant le privilége d'être seuls éligibles comme électeurs et comme députés.

Au surplus, ce système ne saurait donner trop d'ascendant à la démocratie qui ne peut se faire représenter que par l'aristocratie. Il ne fait qu'apporter à l'état actuel des choses un tempérament léger, mais aussi important qu'indispensable. Enfin tout se réduit à cette innovation : *Il y aurait des assemblées primaires pour la protection des intérêts généraux, et des électeurs de choix ou de mérite, au lieu d'électeurs de droit ou de hasard.*

Tous les intérêts trouvant alors, principalement dans la composition des trois pouvoirs chargés de faire les lois, des défenseurs naturels, seraient également protégés ; et tous les Français concourant à la confection des lois et à l'administration des affaires publiques, par la nomination des électeurs, regarderaient les lois et actes des autorités administratives comme leur propre ouvrage. Ce double motif les attacherait à leur patrie par des liens indissolubles. Le souverain qui leur maintiendrait ces avantages, serait béni de tous, et la France ne formerait plus qu'une même famille, dont l'accord et l'union ne pourraient jamais être altérés.

Suite d'observations.

FÉVRIER 1829.

TROISIÈME PARTIE.

———

Le projet de loi sur l'organisation des communes et départemens, présenté à la Chambre des Députés, par le ministre de l'intérieur, le 9 février 1829, m'a paru rendre plus sensible encore la justesse des observations que j'ai faites. Ce motif me porte à faire part de celles qu'il m'a inspirées. J'ai établi dans mon Mémoire qu'il ne pouvait y avoir de vraie représentation nationale sans assemblées primaires, et qu'il ne pouvait y avoir que par elles de vraie représentation des communes et départemens. Je disais qu'il serait sage et prudent d'attribuer aux électeurs de leur choix, de même que la nomination des Députés, le droit de désigner des candidats en nombre double des fonctionnaires de communes et de départemens à nommer : j'ajoutais qu'en dehors du principe de cette véritable représentation, il n'existait qu'incertitudes, erreurs et changemens; et qu'aucune mesure qui s'en écarterait, ne pourrait obtenir un crédit général et permanent.

Le projet ministériel justifie complètement ce que j'avançais. Il n'est aucune partie de cet édifice élevé si péniblement, et si éloigné de la simplicité de mon système, qui repose sur un terrain solide. Il est tout entier le fruit d'un esprit jaloux du pouvoir absolu, et infecté de priviléges aristocratiques. L'on ne reconnaît pas à ces traits des élémens de durée.

Le ministre dit, dans l'exposé des motifs, qu'aux termes de la Charte, le droit de nommer à tous les emplois de l'administration publique appartient au roi seul. Il en donne pour raison la responsabilité ministérielle, dont la première condition est la liberté des hommes sur qui elle pèse, dans le choix de ceux qu'ils emploient; d'où il infère que les administrateurs des communes et des départemens doivent être nommés par le roi ou *ses délégués*. Ensuite, reconnaissant que les départemens et les communes, supportent les charges d'une *communauté*, qu'ils doivent en conséquence jouir de tous les avantages de la communauté, et *administrer leurs propriétés*, il fait mentir ce principe d'une vérité incontestable, en se bornant à admettre la nomination de simples conseils de ces administrateurs, par un petit nombre des plus imposés; et pour voiler les vices de ce système et se faire quelques partisans, il leur adjoint, en ce qui concerne les conseils municipaux seulement, des personnes, sur le suffrage desquelles il croit pouvoir compter, attendu qu'elles sont presque toutes ses subordonnées.

Examinons si ces bases ont quelque fondement.

———

1.º Nominations par le Roi ou ses délégués, des administrateurs des départemens et des communes.

L'article 14 de la Charte porte que le Roi nomme à tous les emplois d'administration publique.

Je ne veux pas plus que le ministre, que l'on contrevienne à cette disposition; je veux, au contraire, que le Roi fasse toutes les nominations, même celle des conseillers que le ministre lui enlève, forcé par l'évidence des droits des départemens et communes.

Mais pour procéder à ces nominations, la raison indique qu'il ne peut se passer de renseignemens sur le personnel. Il les réclame des ministres. Ceux-ci les réclament, à leur tour, de leurs subordonnés qui, étant sur les lieux, sont censés être plus à même de leur en fournir d'exacts.

L'on conçoit que ces subordonnés peuvent se tromper ou être trompés; que des considérations particulières peuvent les diriger; que l'esprit de parti peut les entraîner. Il est vrai que par rapport aux places de préfets, les ministres sont souvent dispensés de demander des renseignemens. Ces places étant très recherchées, ils connaissent beaucoup de personnes dans cette classe de solliciteurs; mais il en est d'autres, en grand nombre, plus propres à bien remplir cette charge, qu'ils ne connaissent pas personnellement; mais ils sont sujets aux mêmes passions que leurs subordonnés, ainsi que le ministère de Villèle nous l'a prouvé. Les nominations ne sont donc pas toujours les meilleures possibles. Elles peuvent même être généralement très mauvaises, comme sous ce ministère, dont les employés administratifs ont excité le mécontentement de la nation tout entière. Le roi est, de la sorte, trompé dans un nombre infini de choix; ce qui ne peut que lui déplaire, et offre les plus grands inconvéniens pour la société.

J'observerai, d'un autre côté, que ces administrateurs gérant les propriétés et deniers des habitans des départemens et communes, qui ont payé ces propriétés, et fourni ces fonds dans un esprit de *communauté*, ces habitans ont le plus grand intérêt à ce qu'il soit fait de bons choix, et qu'il est juste qu'ils n'y restent pas entièrement étrangers. J'appuierai cette observation de l'aveu du ministre qui dit « que les copropriétaires doivent « intervenir dans la gestion de leurs propriétés; « que le choix de leurs délégués leur appartient « *manifestement*, et que ce serait faire une *con- « fusion évidente* que de leur appliquer cette dis- « position de la Charte. »

Dans cette question, deux droits également respectables se présentent en concurrence: celui

de la couronne et celui des départemens et communes. Le problème à résoudre consiste à les
concilier en obviant aux inconvéniens dont je
viens de parler.

Mon système donne cette solution : que les
électeurs mandataires des assemblées primaires
désignent (au lieu que ce soit les ministres) des
candidats en nombre double des fonctionnaires
à nommer. Pour lors, les ministres ne pourront
ni se tromper ni être trompés dans les présenta-
tions qu'ils auront à faire au Roi, parmi ces candidats. Ces électeurs, pris dans la classe des plus
imposés, objets des suffrages publics, intéressés
à être bien administrés, et à portée de connaître
leurs concitoyens et de les bien apprécier, n'éli-
ront que des sujets fidèles, pleins de mérite et
doués des connaissances nécessaires. La prérogative royale, exercée de cette manière, sera d'autant plus respectée, que les choix en seront meil-
leurs; et cette alliance fortifiera l'autorité du souverain, qui prend sa force *dans l'équité et la raison.*
Les ministres, à la vérité, ne pourront plus dis-
tribuer les places suivant leur gré; et c'est là le
motif secret qui les porte à défendre si fortement

la prérogative royale, qui, dans le fait, n'est que la leur. Mais l'état sera mieux servi et l'on en bénira davantage le Monarque.

L'intervention du Roi pour ces choix ne sera pas sans fruit.

Deux candidats, quoique nommés par la même majorité, seront bons. Mais ils n'auront jamais les mêmes vues et les mêmes inclinations (*tot capita tot sensus*), ni les mêmes connaissances. Le plus digne pourra donc être choisi.

Le candidat nommé voudra répondre à la confiance dont le monarque l'aura honoré.

Pour être de nouveau l'objet de son choix, ce candidat se conduira avec modération et délicatesse.

Ce candidat n'en sera d'ailleurs que plus certain d'obtenir une seconde fois les suffrages de ses concitoyens.

Tous ces motifs stimuleront le zèle pour le bien des prétendans à la candidature.

2° *Responsabilité des ministres.*

L'article 56 de la Charte dispose : « Ils (les mi-
« nistres), ne peuvent être accusés que pour fait
« de trahison ou de concussion. Des lois particu-
« lières spécifieront cette nature de délits, et en
« détermineront la poursuite ». Or, ces lois particulières n'existant pas, la responsabilité est illusoire. Les ministres ne devraient pas du moins
la rappeler, tant qu'ils ne présentent pas de projet
de loi pour la réaliser, au risque de compromet-
tre la dignité royale; ils ne devraient pas la rappeler surtout à propos des circonstances où il
serait impossible qu'elle fût compromise, quand
bien même elle ne serait pas illusoire. Il ne peut
rien y avoir là qui ressemble à une trahison ou à
une concussion.

On a lieu d'être étonné du sérieux avec lequel
son excellence a parlé de la responsabilité ministérielle, à l'occasion d'une loi qui devrait la res-
treindre considérablement puisqu'elle détruirait
en partie le fléau de la centralisation.

3° *Élections attribuées aux plus imposés.*

Lorsqu'il a été question de l'organisation des

départemens et communes, l'on s'attendait que tous les intéressés, c'est-à-dire tous les propriétaires, seraient appelés par le nouveau projet de loi à concourir à la nomination des fonctionnaires chargés d'administrer les biens de ces départemens et communes. Cette présomption était d'autant plus probable, que la presque totalité des citoyens est privée de tout droit civique dans la nomination des députés; et l'on pensait qu'elle obtiendrait un faible dédommagement par l'exercice de ce droit, dans la nomination desdits fonctionnaires; mais leur espoir à cet égard est déçu. Ceux qui ont exclusivement le droit, d'après les lois organiques, de nommer les Députés, exploiteront encore exclusivement la nomination des administrateurs des biens des départemens et communes. Que dis-je? ce n'est, suivant ce projet, que la portion la plus imposée d'entre eux, le tiers environ auquel l'on fait quelques adjonctions, qui fera cette exploitation. Ainsi, sous l'empire d'un gouvernement représentatif, et sous le régime de l'égalité en droits, un très petit nombre de privilégiés n'arrivant pas à 30,000, participeront seuls à toutes les nominations des administrateurs des propriétés des départemens et communes, après avoir procédé dans deux colléges à la nomination des Députés ; et les autres Français, qui contribuent pour les quatre-vingt dix-huit centièmes aux dépenses de l'État, seront frappés d'interdiction. Tel est le projet que le ministère de 1829, qui ose se dire constitutionnel, a fait éclore dans sa haine pour les dispositions de la Charte, favorables au peuple français.

Pour justifier l'infraction de tous les droits à la fois, le ministre prétend que la théorie des assemblées primaires est insensée ; que les idées d'ordre ont fait trop de progrès pour que de pareilles propositions puissent se représenter ; et qu'il faut donner assistance à ceux qui en ont besoin. Je réponds que ce qui est conforme à la raison et à la justice n'est point insensé ; que le véritable ordre se trouve dans l'exécution franche et loyale de la Charte, et que les Français privés de leurs droits, auxquels il fait allusion, n'ont besoin d'autre assistance que de celle qui en procède. Mais examinons la question que le ministre a tranchée sans en donner la raison. C'est sous le rapport de l'ordre public qu'il réprouve les assemblées primaires.

Si elles sont composées, comme je l'ai proposé, uniquement des propriétaires qui sont intéressés an maintien de l'ordre et de la tranquillité, âgés de 25 ans; si elles ont trois jours ou plus, pour faire leurs choix, de manière que ces propriétaires ne puissent aller voter que les uns après les autres, pour ainsi dire; et de telle sorte que ces assemblées n'existent que de nom; si elles ne peuvent faire de choix que parmi ceux qui paient trois cents francs de contributions directes, auxquels la loi a confié la nomination des Députés, et qui offrent des garanties bien suffisantes; si on leur ôte les nominations *directes* des administrateurs des départemens et communes, qui seules pourraient faire appréhender quelques désordres locaux, à cause des intérêts plus immédiats, pour les transmettre aux électeurs leurs mandataires; je le demanderai à tout homme de bonne foi : l'ordre public pourra-t-il être troublé? Et s'il pouvait y avoir du désordre dans quelque assemblée, la tranquillité publique en pourrait-elle être compromise? Il y a bien plus de trouble dans les nominations *directes* que font les bourgs-pourris en Angleterre, et cependant la tranquillité du royaume n'en a jamais souffert.

Ces assemblées ne peuvent donc exciter de craintes fondées pour la tranquillité publique; mais on n'en fait un épouvantail que pour cacher le but qu'on se propose. C'est ainsi, du moins, qu'en a agi le ministre qui connaît les effets de telles craintes sur des amis de l'ordre. Pour mieux produire ces effets qu'auraient affaiblis les explications qu'il eût données de ces craintes, il a eu l'air de regarder la question comme trop claire pour qu'elle méritât d'être débattue; et tandis qu'il est entré sur tout le reste dans de grands détails, il a été soigneux de se taire à ce sujet. Cependant, les observations dont fourmille la première partie de mon Mémoire, que j'ai puisées dans la justice distributive, dans la Charte et dans le droit, et qui deviennent sensibles pour toutes les personnes qui ont médité cette matière, la plus grave de toutes, feraient croire qu'il n'eût pas été inutile de donner quelques explications sur les motifs puissans qui l'obligeaient à déroger à ces principes sacrés, dont il est certain que l'observation seule peut rendre les peuples heureux. Une simple allégation, en présence de ces principes, découvre, dans le ministre, un esprit préoccupé du pouvoir absolu et de priviléges aristocratiques.

***

4° *Résultats du système du ministre.*

Comme les grandes fortunes se perpétuent dans les familles, les droits d'électeurs se perpétueront dans celles du petit nombre des plus imposés, appelés par le projet à nommer les administrateurs des départemens et communes, surtout si l'on rétablit le droit d'aînesse, auquel ce projet, qui rentre dans le même plan, annonce assez que l'on n'a pas renoncé. Avec ces priviléges exorbitans, les membres de ces familles, qui cumulent déjà le droit de nommer les députés dans les petits et dans les grands colléges, seront presque seuls éligibles comme administrateurs des départemens et communes. L'on conçoit toute l'influence qu'ils exerceront sur les choix que le gouvernement fera pour la gestion des emplois publics. Ils les occuperont tous, sauf ceux dont ils ne voudront pas, et qu'ils auront soin de faire donner à leurs partisans.

Ainsi s'écrouleront les fondemens principaux de la Charte, qui ne veut d'autres priviléges que ceux qu'elle a établis dans l'intérêt de la société; qui fait de l'égalité en droit, le droit commun des Français; et qui, dans l'objet de récompenser et d'employer pour le bien général les vertus et les talens, déclare tous les Français également admissibles aux emplois civils et militaires.

Ces fondemens détruits, l'orgueil et l'arbitraire de ces familles ne connaîtront plus de bornes, et le mécontentement des Français, traités en idoles et en serfs, deviendra général.

C'est ainsi que le ministre, feignant d'appréhender beaucoup les assemblées primaires, sans lesquelles (je le répète) il ne saurait y avoir de vraie représentation, entend l'exécution de la Charte qu'il ne craint pas d'invoquer alors même qu'il la viole, dans ses dispositions les plus chéres à la nation française.

Je terminerai ces réflexions, qu'il m'est bien pénible de faire, par un apologue qui embrasse tous les résultats que je désire faire connaître

sous ce voile, afin d'annoncer avec plus de mé-
nagement les vérités que j'ai à dire.

Un père chargé d'une famille nombreuse avait
une prédilection très marquée pour son fils aîné.
Il était d'une contrée où les pères avaient la libre
disposition de leur fortune, et pouvaient révo-
quer leur testament à volonté. Ce fils s'était at-
tiré cette prédilection en lui parlant continuelle-
ment des sentimens affectueux qu'il avait pour
lui, en se montrant empressé à lui complaire
dans toutes les occasions, en le flattant en toutes
choses, et principalement en dénigrant ses frères et sœurs, pour lesquels le père avait, cependant, une sincère affection. Il persista tellement
dans cette entreprise, que celui-ci lui donna par
testament la presque totalité de ses biens. Ses
autres enfans, qui avaient pour leur père le plus
grand attachement et qui n'avaient rien fait pour
perdre son amitié, ayant eu connaissance de ce
testament, et regardant cet acte comme une injustice et une espèce de réprobation, en furent
très affectés, et conçurent de l'aversion pour leur
frère, qu'ils regardaient, à juste titre, comme l'ar-
tisan de leurs peines. Ils ne cessèrent pas pour

cela d'aimer leur père ; ils se rappelaient d'ailleurs avec les sentimens de la plus grande reconnaissance, toutes les preuves de tendresse qu'il leur avait données ; mais les expressions de leur attachement étaient moins vives. L'union qui régnait dans la famille fut détruite. Des reproches amers, dirigés par les frères et sœurs contre leur frère aîné, et les réponses hautaines de ce dernier, qui prétendait avoir, après son père, le droit exclusif de tout diriger et de commander, amenèrent des querelles fâcheuses. Le cœur du père commun en fut extrêmement contristé. Il voulut entendre tous les sujets de plainte, tant de la part des frères et sœurs, que de leur frère aîné. Il reconnut que celui-ci l'avait trompé sur leurs sentimens pour lui, dans des vues d'intérêt et d'ambition. Il frémit en songeant à l'abîme de maux prêt à s'ouvrir sous les pas de sa famille. Il retira la confiance illimitée qu'il avait mise en son fils aîné, l'accorda également à tous ses enfans et révoqua son testament. Dès ce moment sa famille fut en paix et heureuse ; et il ne cessa d'en recueillir des bénédictions.

LALÈBRE.

www.ingramcontent.com/pod-product-compliance
Lightning Source LLC
Chambersburg PA
CBHW051254030726
47595CB00003B/1239